FABLES

ET

POÉSIES DIVERSES.

PAR

ALEXANDRE DEPLANCK.

LILLE,
CHEZ HOREMANS, IMPRIMEUR-ÉDITEUR,
Et chez les principaux Libraires.
—
1860.

FABLES

ET

POÉSIES DIVERSES.

I.

LA LUCIOLE ET LA VIOLETTE.

LA LUCIOLE & LA VIOLETTE.

A JULES HOUDOY.

Poètes, Penseurs, mes Amis,
Remplissez votre ministère !...
En vain vous cherchez à vous taire !
Le silence n'est pas permis.

La Violette, un jour, dit à la Luciole :

« Ma chère sœur, vous êtes folle

De vouloir éclairer ce brin d'herbe le soir !

A-t-il des yeux pour la lumière ?

— « Vous le parfumez la première !
Sent-il donc mieux qu'il ne peut voir ?...
Des richesses que Dieu nous donne
Nous ne devons priver personne.
J'ai la clarté, vous la senteur,
Eh bien ! prodiguons-les, ma sœur,
Sans demander pour les répandre
Si le brin d'herbe sait comprendre ! »

II.

LA CHARITÉ.

LA CHARITÉ.

Une pauvre petite fille,

Tendait, en sanglotant, la main.

Elle n'avait plus de famille

Et tremblait de froid et de faim.

« Par pitié ! disait-elle, accordez-moi du pain !... »
Mais la neige tombait, et les gens passaient vite
Sans vouloir écouter la voix de la petite.

Dans la rue où l'enfant pleurait,
Une autre jeune fille, heureuse et souriante,
Avec ses parents demeurait.
Elle aperçut de loin la triste mendiante.
« Sais-tu, maman, dit-elle à sa mère, pourquoi,
Lorsque je suis si bien vêtue,
Cette pauvrette a froid au milieu de la rue ?
N'est-elle pas semblable à moi ? »
— « Oui, mon enfant, lui répondit la mère ;
Aux yeux du Maître de la terre,
Petits et grands, nous sommes tous égaux ;

Mais chacun a sa part de plaisirs ou de maux :

A l'un va la misère, à l'autre la richesse ;

Et ces lots différents sont échangés sans cesse.

C'est pourquoi Dieu voulut, dans sa toute bonté,

Que le destin n'eut pas de rigueurs implacables ;

Et pour venir en aide aux pauvres, nos semblables,

  Il nous donna la Charité. »

III.

NIDS & BERCEAUX.

NIDS ET BERCEAUX.

Pourquoi la frileuse hirondelle,
Qui part quand la feuille jaunit,
Au retour du printemps sait-elle,
Sans chercher, retrouver son nid ?

C'est que dans le cœur de vos mères,

Petits enfants, petits oiseaux,

Dieu mit en brûlants caractères

Le souvenir de vos berceaux....

Petits enfants, petits oiseaux,

Le bon Dieu garde vos berceaux.

Avant que votre aile timide

Ose essayer son premier vol,

Avant que vous puissiez sans guide

Glisser vos pieds blancs sur le sol,

Combien vos mères ont d'alarmes !

Petits enfants, petits oiseaux,

Que de douleurs et que de larmes

Ont coûté vos charmants berceaux !...

Petits enfants, petits oiseaux,

Dormez en paix dans vos berceaux.

Mais quand sur votre bouche rose

Un frais sourire vient briller,

Quand votre petit bec se pose

Au bord du nid pour babiller,

Le bonheur enivre vos mères,

Petits enfants, petits oiseaux,

Et l'oubli des peines amères

NIDS ET BERCEAUX.

Leur vient auprès de vos berceaux....

Petits enfants, petits oiseaux,

Soyez bénis dans vos berceaux !

IV.

OU DONC EST LE BONHEUR?

OU DONC EST LE BONHEUR?

« Nixa fide virtus felicia dona parabit. »
(Pr.)

I.

Oui, l'homme est ainsi fait : son ardeur inquiète,

Qu'il soit peuple, marchand, grand seigneur ou poète,

Incessamment le pousse à creuser l'avenir.

Hier, dans son esprit, n'est plus qu'un souvenir ;

Aujourd'hui ne vaut rien ; c'est demain qu'il doit vivre !...

Et les jours et les ans se passent à poursuivre

Un fantôme éternel, trompeuse vision,

Qu'il appelle bonheur. — Quelle dérision !

Bonheur, pauvre martyr des enfants de la terre,

Chacun d'eux n'est-il pas ton bourreau volontaire ?

Par le vice, au sein nu, lâchement fasciné,

Qui de nous ne t'a pas un jour assassiné ?

O stupides mortels ! aveugles que nous sommes !

Ce trésor tant cherché se trouve auprès des hommes,

Il est là, sous nos doigts, allons !... Fatalité !

Nous préférons le rêve à la réalité !

L'oiseau se plaît au nid que le printemps caresse ;

OU DONC EST LE BONHEUR?

L'abeille aime la ruche où sa reine est maîtresse ;

La fleur, pour le soleil qui lui donna le jour,

Exhale son parfum, chaste encens de l'amour ;

L'herbe aime la prairie où pleure la rosée ;

La vigne enlace l'arbre où sa tige est posée ;

Dans le joyeux concert de l'espace infini,

Tout chante la patrie et le berceau béni ;

Nous seuls, méconnaissant la voix de la nature,

A l'oubli des devoirs ajoutant l'imposture,

Philosophes bâtards, dans notre vanité,

Nous prétendons au bien dresser l'humanité,

Et sous l'ample manteau de citoyens du monde

Nous cachons l'égoïsme et son complice immonde :

Le culte du veau d'or.... Ingrats, ambitieux,

La patrie est un mot sans valeur à nos yeux ;

Se consacrer aux siens n'est que chose futile ;

La famille est aimée alors qu'elle est utile ;

Le foyer, trop modeste, est pour nous sans plaisirs :

Arriver, posséder, voilà nos seuls désirs !

Quelle fièvre nous tient ? Quelle soif insensée

Aux sources de l'erreur conduit notre pensée ?

Quel démon nous subjugue et nous dicte sa loi ?

Quel est donc notre mal ? C'est le manque de foi.

Nous ne croyons à rien. Le doute a dans notre âme

Obscurci les clartés de la divine flamme.

Jetant partout le trouble et la confusion,

Arrachant le bandeau de chaque illusion,

Des plus purs sentiments raillant la poésie,

Traitant l'amour de rêve et l'honneur d'hérésie,

Portant sa main de plomb jusque sur l'amitié,

Le doute détruit tout sans trêve ni pitié !

II.

Le passé, vainement, a bâti sur le sable

Pour la postérité son œuvre périssable ;

Vainement la charrue amène à découvert

Des os de peuples morts dans le sillon ouvert ;

L'homme poursuit toujours en son fatal délire

Le dernier mot du livre où son œil voudrait lire :

La nature est à lui, l'expliquer est son droit ;

Point de secrets divins ! Quand il comprend, il croit.

Et lorsque, par bonté, le Maître lui délivre

Quelque page sublime empruntée à ce livre,

L'infime créature, oubliant son auteur,

Nous dit que l'univers n'a pas de créateur !

Oh ! la science verse une liqueur perfide ;

Elle séduit d'abord ; mais le buveur avide,

Qui n'a pas mesuré le calice profond,

Trouve au milieu l'ivresse et le néant au fond !

Eh quoi ! ces bruits si doux que murmure la feuille,

Ces suaves senteurs que la brise recueille,

Ces guérêts pleins d'épis, ce beau ciel étoilé,

OU DONC EST LE BONHEUR?

Ce splendide océan, cet horizon voilé,

Ces monts toujours couverts de neige étincelante,

Et ce temps, dont la marche est si prompte... ou si lente,

Sont l'œuvre du hasard ? Quoi! celui dont les pas

Foulent tous les trésors répandus ici-bas,

L'habile conquérant qui fonde son empire

Sur tout ce qui paraît, sur tout ce qui respire,

L'être prudent et fort que la raison conduit,

L'homme, enfin, du limon n'est que le vil produit ?

Et sa vie est sans but ? — Mensonge! calomnie !

Dieu se voit, Dieu se sent ; honte à qui le renie !

A l'heure où des ennuis le fardeau devient lourd,

Cherche à côté de toi, mortel aveugle et sourd ;

Le Seigneur y plaça ce bonheur qui t'échappe.

La route du devoir offre plus d'une étape

Ouverte au voyageur fatigué du chemin :

Enfant, sa mère est là pour lui tendre la main ;

Époux, il voit au seuil sa compagne fidèle

Qui de chaque douleur prend la moitié pour elle ;

Vieillard, près de la tombe un souvenir aimé

Lui porte encor les fruits du bien qu'il a semé.

Mais il faut que la foi le guide jusqu'au terme,

Que la vertu lui prête une âme juste et ferme

Où le doute cruel ne soit jamais venu ;

Et s'il est orphelin, méprisé, triste et nu,

Si le monde lui fait un destin misérable,

Si nulle voix amie, à ses maux secourable,

Ne lui donne l'espoir, ancre du naufragé,

Qu'il lève vers le ciel son front découragé !

De là, du moins, viendra le baume salutaire.

Car le bonheur flétri s'exile de la terre

Pour se réfugier au parvis du saint lieu,

Et l'homme le retrouve en s'adressant à Dieu.

V.

A CASIMIR FAUCOMPRÉ.

Casimir Faucompré, ce vrai poète que Paris a eu le bon esprit d'enlever à Lille, avait fait un sonnet, — comme il sait les faire, — en réponse à la pièce « *Où donc est le bonheur.* » (Voir la *Revue du Nord*, tome IV, page 150.)

A CASIMIR FAUCOMPRÉ

SONNET.

Vous me raillez, ami ?... Soit ; je vous le pardonne,

Car la rime domptée à votre gré se rend,

D'après les doctes lois que Boileau nous apprend,

Et j'aime un bon sonnet ; mais le vôtre m'étonne.

Hé quoi! vous, un poète, un chantre de madone,

Vous, l'un de ces heureux que le peuple comprend,

Par qui lui vient l'idée et du noble et du grand,

Vous m'osez demander comment la Foi se donne!

Laissez donc à ceux-là qui trouvent que nos vers

Ne sont que le produit de cerveaux à l'envers,

Le soin de nous frapper du fouet de la critique;

Ne parlez plus de « tombe » et dites avec moi

Qu'il est de mauvais goût de jouer au sceptique;

Nous serons deux alors à défendre la Foi.

VI.

LE MERLE & LA SERINETTE.

LE MERLE ET LA SERINETTE.

Sur une serinette,

Un merle avait appris mainte et mainte chanson.

Il chantait de façon

A mettre au désespoir la joyeuse alouette.

Chacun dans le quartier répétait ses refrains ;

Partout on le citait comme un oiseau d'élite ;

  Et bientôt devant son mérite

Baissèrent pavillon et pinsons et serins.

  C'était justice, — en apparence.

Ce merle était, vraiment, tout pétri de science ;

Il connaissait à fond clé de fa, clé de sol,

Tantôt chantait en ut, tantôt en mi bémol.

  Mais la foule capricieuse

Crut trouver, certain jour, sa méthode ennuyeuse.

« Ecoutez-le siffler : toujours les mêmes airs !

« — Il n'a pas d'avenir, disait le journaliste.

  — Il est savant, mais il est triste, »

Remarquait finement l'amateur de concerts.

Bref, notre bel oiseau, bafoué d'importance,

Pour un chanteur des bois se vit abandonné.

O Merles à deux pieds, que le vulgaire encense !

Apprenez, qu'en tous temps la nature a donné

Plus de charme au gosier des petites fauvettes,

Que n'en auront jamais vos doctes serinettes !

VII.

LES ROQUETS.

LES - ROQUETS.

Ouaw ! ouaw — Que me veux-tu, roquet insupportable ?

— Ouaw ! ouaw ! — A mes mollets cesse donc d'aboyer.

— Ouaw ! ouaw ! — Gare au bâton ! — Ouaw ! — Attrape ! — Aïe ! — Au diable !...

Un geste inoffensif vient de le renvoyer.

LES ROQUETS.

Que de roquets de plume, engeance atrabilaire,

D'aboyer aux passants veulent prendre le ton !

　　　Mais comme à leur petit confrère,

　　　Pour les engager à se taire

Il faut, tout simplement, leur montrer le bâton.

VIII.

ORNITHOLOGIE COMPARÉE.

LES COUCOUS.

Je ne voudrais pas que l'on pût m'accuser de calomnie, même à l'égard d'un simple coucou. J'invite donc le lecteur incrédule à consulter le traité d'ornithologie passionnelle, de Toussenel. Il verra dans ce livre, où l'observation et l'esprit abondent, que l'oiseau en question est un libertin sans vergogne, un gourmand insatiable, un égoïste fieffé qui professe (de compte à demi avec sa femelle, une aventurière qu'il rencontre le soir au coin d'un buisson et qu'il quitte le lendemain sans plus s'en occuper) des opinions monstrueuses à l'endroit de la famille et de la société. Enfant, à peine vêtu d'un poil bleuâtre, son abominable gourmandise porte la famine et la mort dans le nid hospitalier où sa marâtre l'a glissé ; adulte, il endosse la livrée grise striée de brun que montre l'orfraie, dont il a les instincts rapaces ; vieillard, il adopte finalement la couleur rousse de Judas, et, mettant le comble à ses crimes, il renie et combat les jeunes individus de sa propre espèce.
— Voilà le coucou.

ORNITHOLOGIE COMPARÉE.

LES COUCOUS.

Certain coucou — c'était une femelle, —

Trouva, tout fait, un joli nid d'oiseau.

« Bravo ! dit-il, — c'est-à-dire, dit-elle, —

D'un de mes fils ce sera le berceau.

Dieu du hasard ! à ma progéniture

Toi qui voulus ménager cet abri,

Permets qu'au mieux l'enfant y soit nourri ;

Je l'abandonne aux mains de la nature ! »

Puis il se tut, pondit, sans se gêner,

Secoua l'aile.... Et s'alla promener.

Il faut savoir qu'une jeune fauvette

Avait bâti brin à brin, jour à jour,

Ce nid soyeux pour son premier amour.

Elle y couvait, paraît-il, en cachette ;

Mais un instant s'absenta la pauvrette,

Et, quand sa voix chantait on ne sait où,

LES COUCOUS.

Parmi ses œufs vint cet œuf de coucou.

A son retour sous la verte charmille,

Notre chanteuse, ignorant le danger,

Ne compta pas, et couva l'étranger

Comme s'il eût été de la famille.

Or, celui-ci mit à peine le bec

Hors des parois de sa coque éphémère,

Qu'il affama les petits et la mère ;

Son grand gosier mit leur cuisine à sec ;

L'intrus enfin traita de telle sorte

Ces oisillons qui n'avaient aucun tort,

Qu'un beau matin, lorsqu'il se sentit fort,

Il les jeta brusquement à la porte.

De ce récit on voit l'enseignement ?

— Très-bien : il faut éviter l'égoïste,

Et, quand on sort, fermer son logement ?

— Oui ; mais on peut l'expliquer autrement :

Le gros coucou, c'est un capitaliste ;

Le joli nid rencontré sous le ciel,

C'est quelque usine ; on a l'industriel

Dans la couveuse ; avec l'œuf, on indique

L'argent glissé dans l'affaire, en secret ;

Et l'œuf éclos, on trouve l'intérêt....

Qui mange tout dans la pauvre boutique !

IX.

LA VIGNE.

LA VIGNE.

Attachée à son mur, près d'un palais de verre
Où vivait chaudement tout un peuple de fleurs,
Une vigne jalouse exhalait ses douleurs :

« O vous qui me forcez à subir ce calvaire,

Disait-elle en tordant ses longs bras amaigris,

« Dieu cruel ! regardez : depuis deux mois qu'il dure

L'hiver a, feuille à feuille, arraché ma parure ;

J'ai honte et froid sous le ciel gris !

Dans la serre pourtant les plantes sont si belles !...

Dieu puissant! faites-moi transporter auprès d'elles ! »

En ce moment, le jardinier passait.

Il répondit aux plaintes de la vigne :

« Sais-tu bien, folle insigne,

Quel serait ton destin si l'on te déplaçait ?

Condamnée à fournir sans relâche et sans trêve

Les produits de ta sève,

Comme ces fleurs, que tu vantes à tort,

Tu languirais bientôt, et, bientôt épuisée,

De tes sœurs du jardin tu serais la risée...

Il faut savoir souffrir lorsqu'on veut être fort. »

X.

LE BAPTÊME DE LA POUPÉE.

LE BAPTÊME DE LA POUPÉE.

Autour d'un frais berceau ruisselant de dentelles,

Vingt têtes de lutins s'agitaient bruyamment

Et bavardaient, Dieu sait ! — C'étaient des demoiselles

Qu'un baptême assemblait en ce grave moment.

L'aînée avait douze ans ; elle était la marraine.

Le nouveau-né, perdu dans un flot de satin,

Possédait l'œil brillant et la mine sereine

D'un gros bébé tout neuf acheté le matin.

On avait préparé des gâteaux, des dragées,

Et les chaises étaient près des tables rangées.

Vous savez qu'aujourd'hui l'on ne baptise pas

Une honnête poupée en simple aventurière ;

Il faut d'un certain luxe embellir le repas ;

La dînette avait donc une allure princière.

Lorsque chaque invitée eut grignoté sa part,

La marraine, prenant le bébé dans sa couche,

Commença ce discours en s'essuyant la bouche :

« Chères belles, donner un nom à ce poupard

Cela ne suffit pas ; nous sommes réunies

Pour agir envers lui comme de bons génies.

Que chacune de nous lui donne une vertu !

Vous savez qu'il en faut, pour briller dans le monde.

A l'œuvre donc ! silence ! et que l'on me réponde.

Toi, d'abord, Marguerite. Eh bien ! que donnes-tu ?

— Moi, je veux qu'il soit beau. — Toi, Jenny ? — Qu'il soit riche.

— Toi, Berthe ? — Qu'il soit brave et vainqueur de l'Autriche !

— Et toi, petite Emma ? — Qu'il soit sage. — Bien dit !

Toi, Rose ? — Moi, je veux qu'il ait bon appétit.

— Et toi ? — Moi, je lui donne une âme charitable.

— Moi, l'art de bien danser. — Moi, celui d'être aimable.

— Moi, de l'esprit. — Et moi, du talent. — Moi, du goût.

— Moi, la force. — Et l'adresse. — Et la grâce.... « Est-ce tout ?

Dit alors la maman de l'une des rieuses ;

« Vous faites, mes enfants, les choses comme il faut,

Et votre cher filleul n'aura pas un défaut.

Mais dans ces qualités, plus ou moins précieuses,

Vous avez oublié la meilleure, entre nous,

Celle qui du mérite éloigne les jaloux ;

Celle qui fait honneur aux petites poupées,

Bien plus que la beauté, la grâce ou le talent ;

Qui fait qu'on ne les voit nulle part occupées

A vanter à tout coup leur personne en parlant ;

Celle enfin qui leur vaut accueil et sympathie ;

Cette qualité-là s'appelle : modestie ! »

XI.

LE DAHLIA & LE RÉSÉDA.

LE DAHLIA & LE RÉSÉDA.

Un grand dahlia pourpre étalait au soleil

Sa couleur éclatante et sa tige pompeuse.

« Certes, s'écriait-il, je n'ai pas mon pareil !

Le Lys, le Chrysanthème et la Rose mousseuse

Ne sont, auprès de moi, que simples fleurs des champs.

On ne me trouve point chez d'humbles artisans ;

Il me faut d'un palais le splendide parterre ;

Enfin je suis le roi des produits de la terre ! »

Un petit réséda répondit aussitôt :

« Que votre Majesté ne parle pas si haut !

Vous avez la beauté, la puissance en partage...

Mais le parfum suave est-il votre apanage ?

Sachez-le bien : celui qui nous créa tous deux,

Vous glorieux et fort, moi chétif et modeste,

N'a pas voulu qu'ainsi vous fussiez seul heureux :

Il divisa ses dons, dans sa bonté céleste,

Et vous donna du corps l'éclat et la grandeur ;

Vous ôtant le parfum, — cet esprit de la fleur. »

XII.

PROGRÈS.

(BOUTADE).

PROGRÈS.

BOUTADE.

> Audax omnia perpeti,
> Gens humana ruit........
>
> Scriptorum chorus omnis amat nemus et fugit urbes
> (HOR.)

Sous l'éperon de fer à ses flancs attaché,

Un coursier vigoureux se cabrait avec rage.

« Pourquoi, s'écriait-il dans sa douleur sauvage,

Aux steppes de l'Oural m'ont-ils donc arraché

Ces cupides mortels, ces tyrans sanguinaires?
Dieux vengeurs! sur leurs fils répandez vos colères!
Punissez leurs forfaits! abaissez leur fierté!
Rendez-moi le désert avec la liberté! »
Jupiter entendit sa plainte furieuse :
« Sois libre, répond-il au coursier, je le veux.
Va chercher l'oasis fraîche et mystérieuse
Où bondit la cavale en ses ébats nerveux ;
Va! tes maîtres cruels sur toi n'ont plus d'empire. »

Et l'ardent animal, les naseaux entr'ouverts,
Hennit, frappe du pied; à longs traits il aspire
Les senteurs d'Orient qui traversent les airs.
Il part. — Le vent rapide est moins prompt dans l'espace. —

PROGRÈS.

Regardez-le courir ; comme la foudre il passe ;

Ses jarrets frémissants dévorent le chemin.

O désert ! ô patrie ! il vous verra demain !

Demain !... Fatale erreur !... La steppe est disparue ;

Où croissait la bruyère, apparaît la charrue ;

L'homme a tout envahi ; l'esprit calculateur

A sondé les forêts au seuil impénétrable,

Percé les monts géants ; et l'océan de sable

Ne sait plus arrêter le civilisateur.

Ainsi que le coursier, je cherche la patrie ;

Je cherche l'oasis, où mes rêves dorés

Dans un nid solitaire écloront ignorés,

Et partout j'aperçois la main de l'industrie ;

Partout j'entends crier sa formidable voix :

« Anathême aux rêveurs ! les producteurs sont rois ! »

C'est l'ère du progrès !... Ce conquérant moderne

Tient courbés sous le joug les peuples qu'il gouverne ;

L'univers tout entier s'incline devant lui :

C'est l'idole aux pieds d'or qu'on encense aujourd'hui !

Il n'est point de secrets pour son intelligence ;

Chaque jour voit résoudre un problème nouveau ;

La nature est vaincue, et bientôt la science,

Interrogeant la vie au-delà du tombeau,

Ira, dans son orgueil insolent et funeste,

Disputer Dieu lui-même à son trône céleste !

PROGRÈS.

Progrès, qui donc es-tu ? — Sous ton masque trompeur

Ne cacherais-tu pas l'égoïsme et la peur ?

L'égoïsme brutal, qui fait que nos prairies,

Dépouillant tout l'éclat de leurs robes fleuries,

Au poète affligé montrent dans l'air brumeux

Une usine criarde aux flancs noirs et fumeux ;

L'égoïsme effréné qui demande sans cesse,

Pour entasser toujours richesse sur richesse,

Au bras du mercenaire un travail surhumain,

Sans assurer jamais le pain du lendemain ?

Et la peur, triste fruit des abus séculaires,

La peur de perdre un seul des écus de leurs pères,

N'arrive-t-elle pas dans ses lâches transports

A pousser les mortels vers de nouveaux efforts ?

. . . .

Progrès, tu n'es qu'un mot! Le néant t'accompagne ;

A ton hideux aspect le doute aussi me gagne ;

De mes illusions, fleurs écloses au ciel,

Tu profanes déjà les parfums et le miel...

Va-t'en !... Je veux garder ma première croyance ;

Je veux vivre et mourir dans ma douce ignorance ;

Et, tel que je te vois, ô monstre ! je promets

De ne te point servir ni te louer jamais !

XIII.

L'OISEAU-MOUCHE

ET LA LINOTTE.

L'OISEAU-MOUCHE & LA LINOTTE.

Un oiseau-mouche avait ménage

Dans un étroit logis, où son gentil lignage

Sous l'aile maternelle à l'aise se tenait.

Couvert de mille fleurs, le champ voisin donnait

L'OISEAU-MOUCHE ET LA LINOTTE.

Le pollen parfumé pour la famille entière ;

Aussi, chaque matin, priant à sa manière,

Au rayon de soleil qui dorait son berceau,

Elle chantait : « Merci » dans sa langue d'oiseau.

Une linotte, un jour, vit ce bonheur modeste.

« Quoi ! dit-elle, est-ce là vivre en hôte des airs ?

      A-t-on des ailes, pour qu'on reste

A voleter ainsi sur l'herbe des prés verts ?

Regardez-moi ce nid ! le dé d'une nourrice

Est de moitié plus grand ! et puis, le beau caprice,

Que de manger des fleurs !... L'abeille au corset d'or

      En fait son régal, passe encor !

      Ce n'est qu'un insecte vorace ;

Mais un oiseau ! mais nous !... Opprobre de ma race !

Allez, petites gens, je ne vous connais pas ! »

« — Ma cousine, répond l'ami du blond Zéphyre,

Chacun à sa taille, ici-bas,

Doit mesurer ce qu'il désire.

Mon horizon borné, mon petit nid, mes fleurs

Sont un monde pour moi, monde où je règne en maître ;

J'y suis heureux, — et ne veux pas connaître

Les biens plus séduisants qu'on peut trouver ailleurs. »

Oiseaux-mouches humains, de ceci prenez note :

Le bonheur est partout ; sachez donc le saisir ;

Et quand dans votre ciel passe quelque linotte,

Laissez-la bavarder, si tel est son plaisir.

XIV.

CLOCHES DU SOIR.

Annoncez-vous aux pauvres de la terre
Que leurs douleurs un jour devront finir ?
Demandez-vous une oraison dernière
Pour des chrétiens qui viennent de mourir ?

Lorsqu'au milieu du silence et des ombres
Vous réveillez les échos du saint lieu,
Faut-il aller sous les portiques sombres
S'agenouiller et rendre grâce à Dieu ?

Mais n'est-ce pas au chœur des petits anges
Dont chaque nuit retentissent les airs,
Que vous mêlez vos pieuses louanges
Pour adorer le roi de l'univers ?...

CLOCHES DU SOIR.

Cloches du soir, qui du haut de l'église

Jetez au loin des sons mystérieux,

Si vous chantez ce n'est pas à la brise,

Vos doux accents ne s'adressent qu'aux cieux !

XV.

DÉCEPTION.

(SONNET.)

DÉCEPTION.

SONNET.

A vingt ans, ô mon Dieu, que l'avenir est beau
Quand toute illusion, d'illusions suivie,
Vole aveugle et joyeuse au soleil de la vie
Comme la noctuelle aux rayons d'un flambeau !

Mais la flamme est traîtresse et devient le tombeau

Du pauvre papillon que son éclat convie....

Ainsi des rêves d'or de notre âme ravie

Chaque jour en fuyant nous arrache un lambeau.

Puis la réalité, lentement arrivée,

Tient sa chaîne pesante à notre flanc rivée ;

La ride vient au front, le froid se fait au cœur ;

L'homme voit que le monde est tout plein de mensonges,

Et, pour les doux espoirs, les promesses, — les songes !

Il n'a plus qu'un sourire incrédule et moqueur.

XVI.

LES OISEAUX DE PAULINE.

LES OISEAUX DE PAULINE.

Pauline était vraiment une exigeante fille.

Lasse de ses joujoux fanés et tout meurtris,

Elle voulut avoir une cage gentille

Appendue au plafond d'un marchand de Paris.

On lui donna la cage. Il lui fallut encore

Le petit peuple ailé qui chante dès l'aurore....

Sa mère était si faible, et son père si bon,

Que d'oiseaux babillards elle eut plein son jupon.

Oh ! qu'elle fut heureuse, alors, l'enfant gâtée !

A ses chers commensaux elle fit la pâtée ;

Leur offrit le millet, le biscuit chaque jour ;

Et reçut — pour merci — des chansons en retour.

Mais, par un beau matin, l'espiègle créature,

Prise de tendre amour pour des jouets nouveaux,

Mit si bien dans l'oubli les malheureux oiseaux,

Que la moitié périt, — faute de nourriture !...

D'autres petits oiseaux veulent des soins plus doux :

Ce sont les bons instincts ; votre cœur est leur cage.

Pour entendre toujours leur gracieux langage,

Enfants, veillez sur eux ; — enfants, veillez sur vous.

XVII.

L'ARAIGNÉE.

L'ARAIGNÉE.

Dans maint récit de fabuliste,
L'abeille et la fourmi tiennent le premier rang ;
On pourrait imprimer tout une longue liste
Des honneurs sans pareils que la muse leur rend ;

L'ARAIGNÉE.

Mais la fileuse résignée,

L'hôtesse des sombres maisons,

Est méconnue et dédaignée....

Elle est laide, elle est pauvre, — excellentes raisons

Pour qu'on méprise l'araignée !

L'autre jour, j'en vis une à mon plafond noirci ;

Elle y tendait son filet de dentelle.

Je fis un mouvement — « Arrête ! cria-t-elle,

O mortel généreux ! je suis à ta merci.

Que sur mon sort ton intérêt prononce :

Je te délivrerai des moucherons impurs,

Si tu permets.... » — Ma canne apporta la réponse,

Et le filet brisé vola contre les murs.

Un quart-d'heure après, l'ouvrière

L'ARAIGNÉE.

Au même endroit rajustait ses fuseaux.

De nouveau j'agitai la canne meurtrière

  Pour mettre son œuvre en lambeaux.

Elle reprit cinq fois sa tâche courageuse !....

Alors moi, tout saisi d'un sentiment profond,

Je déposai mon arme.... Et depuis, la fileuse

Peut, ainsi qu'il lui plaît, décorer mon plafond.

Vous avez bien compris l'apologue, je pense ?

L'être le plus infime est utile, après tout ;

Et de sots préjugés il sait venir à bout,

S'il comprend le pouvoir de la persévérance.

XVIII.

ASSOCIATION LILLOISE.

INAUGURATION DU NOUVEAU LOCAL.

L'Association lilloise pour l'encouragement des Lettres et des Arts dans le département du Nord, fut créée, en 1836, par une réunion d'hommes de cœur et d'intelligence, en tête desquels nous citerons : MM. Gachet, Principal du Collége, à qui revient l'honneur de l'initiative, Désiré Vanackere, Delattre-Guichard, Henri Bruneel, Louis Fiévet-Chombart, Brun-Lavainne, Le Mesre de Pas, Hippolyte Focquedey, Édouard Dumon, et M. le docteur Le Glay, Archiviste général du département, Président en titre de l'*Association* pendant vingt-trois années consécutives, et actuellement encore son Président honoraire.

ASSOCIATION LILLOISE.

SÉANCE D'INAUGURATION DU NOUVEAU LOCAL,

30 Mars 1859.

Pour l'homme impartial, qui regarde le monde
Avec l'œil du penseur que la raison seconde,
Certes, l'humanité n'est pas très-belle à voir !
Tout se fait par calcul ; rien n'est fait par devoir ;

Les plus doux sentiments sont objets de commerce....

Il faut que la vertu *rapporte* à qui l'exerce.

C'est le vilain côté des choses d'ici-bas.

Il est drôle, dit-on ? Voici qui ne l'est pas.

La soif de s'enrichir gagnant de proche en proche,

A la Bourse l'on voit des gens de vieille roche,

Modèles, jusque-là, du patient labeur,

Porter leur patrimoine et le jouer sans peur.

Et leurs fils! de pitié ne font-ils pas sourire ?

Aux pages d'un Burnouf à peine ont-ils su lire,

Que déjà ces marmots s'appellent *esprits-forts*,

Et se moquent entre eux des vivants et des morts.

Pour ces docteurs futurs le cœur n'est qu'un *viscère*,

L'honneur un *préjugé*, le principe un vain *mot*,

L'illusion bénie un *rêve* d'idiot,

Et l'or, le seul *ami* qui leur soit nécessaire !

Voilà le mal ! — L'enfant, pâte molle à pétrir,

Reçoit l'impression que le maître lui donne ;

Il garde également la mauvaise ou la bonne ;

Il est comme ces fleurs qu'un souffle peut flétrir.

Au lieu d'habituer ses candides oreilles

A ces mots séduisants, tout remplis de merveilles :

De *luxe*, de *plaisir*, de *pouvoir*, de *grandeur*,

Il faudrait lui donner l'esprit qui vient du cœur ;

Il faudrait commencer par le prêcher d'exemple,

Et chasser devant lui tous les vendeurs du temple.

Nous allons l'essayer. — Dans Lille, Dieu merci !
Quand surgit quelque part l'idée intelligente,
Au seuil des gens de bien elle entre, — et c'est *ici*
Que pour l'œuvre commune ils ont planté leur tente.

Voyez ce que l'on peut avec la *volonté* !
De nos jours, disait-on, le nombre était compté ;
Des plaisants répétaient, d'un air de doléance,
Que dans la salle humide où nous tenions séance
Le public s'enrhumait, — ou, sourd à notre voix,
Sur nos bancs, clairsemé, s'endormait quelquefois ;
Que notre esprit baissait ainsi que notre bourse ;
Que faute de talent, d'argent, de tout enfin !
L'Association, au terme de sa course,

Allait périr d'ennui, de fatigue et de faim.

C'est ainsi qu'on parlait, en tous lieux, à toute heure....

Nos fondateurs, soudain, d'un élan généreux,

Nous trouvent en réponse un palais pour demeure ; —

Et nous voici debout, plus forts — et plus nombreux !

Il serait anormal, au fait, quand tout progresse,

Que seuls, chez nous, les arts tombassent en détresse,

Et que pour conquérir le *bien* matériel,

On dût sacrifier le *beau*, ce don du ciel.

Il serait malheureux, que sous le froid sophisme

De quelque épais boursier, tout gonflé d'égoïsme,

On méprisât l'oiseau qui chante dans les airs,

Et le parfum des fleurs, et la fraîche rosée,

Et le soleil de feu montrant à l'univers

La main du Dieu vivant qui partout s'est posée !

Qu'on s'enrichisse ? soit : la richesse a du bon !

Quand elle est charitable elle est la bien venue !

Mais il faut respecter le sublime rayon

De l'astre poétique illuminant la nue.

Ecoutez notre siècle ! — Il a beau nous crier

Que devant le veau d'or Jéhovah doit plier ;

Il a beau faire appel aux mauvaises natures

Pour prouver qu'il n'est point de jouissances pures

Et qu'on achète tout : l'amour, le dévoûment,

L'amitié.... Nous disons que notre siècle ment ! ! !

Non, tout n'est pas matière ! — Il existe un refuge

Où l'homme se retrempe ; où sans faiblesse il juge

Et le riche et le pauvre, et le mal et le bien ;

Où fortune et pouvoir pour lui ne sont plus rien ;

Où les plaisirs de l'âme ont Dieu seul pour essence :

C'est au sein des beaux-arts unis à la science.

Accourez donc à nous, vous qui vous éclairez

De ce flambeau moral, qui brûle et vivifie ;

Au contact du talent l'homme se purifie ;

Vous vous croirez meilleurs quand vous nous quitterez.

Accourez, jeunes gens qui voulez vous instruire ;

Venez, jeunes auteurs qui voulez vous produire ;

Si vous aimez le bien nous serons vos amis,

Et vos premiers travaux chez nous seront admis.

Mères, venez aussi. Nous vous offrons des fêtes

Où vos filles pourront assister désormais :

A la voix des chanteurs, des savants, des poètes,

Ici, leurs chastes fronts ne rougiront jamais !

XIX.

LA ROSE & LA GIROFLÉE.

LA ROSE ET LA GIROFLÉE.

———

D<small>ANS</small> le jardin d'un grand seigneur,

Une rose, entre mille, était la préférée.

En se voyant chaque jour admirée,

Elle pensa que nulle fleur

Ne pouvait égaler son parfum, sa couleur.

Sa beauté merveilleuse

L'avait rendue à ce point vaniteuse,

Que tous les autres arbrisseaux,

Formant comme une cour à cette reine heureuse,

Lui semblaient autant de vassaux.

Retenue à l'appui d'une étroite fenêtre

Où jamais le soleil ne daignait apparaître,

Une humble giroflée à l'ombre végétait.

Aucun voisin ne visitait

La petite recluse en sa triste mansarde ;

Et quand chez elle, par mégarde,

Un papillon passait, il repartait soudain

Pour offrir son hommage aux belles du jardin.

Mais bientôt les frimas avec leur vent de glace

Des brises du printemps vinrent prendre la place,

Et la rose brillante, entourée autrefois

De tant d'admirateurs et d'amants à la fois,

Dépouillant devant eux sa couronne fanée,

Par tout le monde, hélas ! se vit abandonnée...

Notre reine déchue, alors, dut envier

Dans son modeste sort la fleur de l'ouvrier,

  Qui gardait l'amitié fidèle

  De son maître, aussi pauvre qu'elle,

Et défiait l'hiver au coin de son foyer

XX.

LA STATUE DE NEIGE.

LA STATUE DE NEIGE.

Il me souvient qu'un jour, — bien loin dans le passé, —

Vers l'école, où trônait sur la chaise curule

Le grave magister armé de sa férule,

J'allais, l'oreille basse, apprendre l'A B C.

La campagne, l'été si poudreuse ou si verte,

D'un joli manteau blanc alors était couverte,

D'étincelants cristaux pendaient aux bords des toits,

Et des petits garçons, bravant la froide bise,

Elevaient, vis-à-vis de notre vieille église,

Un monument de neige — en soufflant dans leurs doigts.

C'était une statue. — Un des sculpteurs en graine,

A tous les citadins qui passaient devant lui

Disait : « Mes chers messieurs, veuillez prendre la peine

De servir de parrains à notre œuvre aujourd'hui :

L'appellerons-nous prince, ou général, ou fée ?... »

Le curé, qui survint, répondit doucement :

« Enfants, puisqu'il fondra, votre brillant trophée,

LA STATUE DE NEIGE.

Si le soleil jaloux se montre un seul moment,

Baptisez-le du nom de cette autre statue,

Que le public élève un jour de passion ;

Dressée avec amour, avec rage abattue,

Comme la vôtre, hélas ! elle est vite fondue ;

C'est, — retenez-le bien, — La Réputation. »

XXI.

ABEILLES ET FOURMIS.

ABEILLES ET FOURMIS.

« Pourquoi chercher un autre gîte,

Une autre reine et d'autres fleurs ?

Si votre ruche est trop petite,

Vous pouvez l'agrandir, mes sœurs ! »

Tel était le prudent langage

Qu'une fourmi du voisinage,

Tout en roulant son grain de blé,

Tenait à l'essaim rassemblé.

« — Oh! dit l'une des émigrantes,

Vous savez amasser des rentes,

Ma sœur, et tirer grand profit

Des choses que le bon Dieu fit ;

Mais la nature de l'abeille

N'est pas à la vôtre pareille :

Vous, vous appauvrissez le sol ;

Nous, par le travail qui féconde,

Nous allons enrichir le monde ! ».

Et soudain elle prit son vol.

XXII.

LE FLEUVE & L'HIRONDELLE.

LE FLEUVE ET L'HIRONDELLE.

Certain fleuve, aux échos des rives solitaires

Racontait les splendeurs du château de ses pères,

Et vantait, en passant, l'âge de son blason

Qu'il faisait remonter jusqu'au temps de Jason.

Quelquefois il disait, avec des airs superbes :

« Que pourrait-on trouver de comparable à moi ?

De cent plaines, au moins, que je traverse en roi,

Je veux bien consentir à féconder les herbes ;

Et dans ma course immense, entraînant les vaisseaux

Vers les ports fortunés qui me doivent la vie,

Je force la tempête à respecter mes eaux,

Et l'Océan lui-même à me porter envie.

Oh ! je suis un grand fleuve !! » — « Un sot, un orgueilleux,

Lui répondit, un jour, la rapide hirondelle.

Hier, à ton berceau j'ai pu tremper mon aile ;

Connais-tu le castel de tes nobles aïeux ?

C'est un maigre rocher, moussu, pelé, sauvage,

D'où tombe, goutte à goutte, un si petit filet,

LE FLEUVE ET L'HIRONDELLE.

Qu'une fourmi saurait le passer à la nage,

Et qu'il serait couvert du nid d'un roitelet.

Pauvre esprit ! cesse donc d'afficher ta naissance ;

Tu te gonfles des eaux du ruisseau, du torrent ;

Sans eux, que deviendraient ta force et ta puissance ?

Par toi seul tu n'es rien : les autres te font grand. »

La leçon était rude à recevoir, sans doute ;

Mais à tout parvenu, fût-ce un fleuve bavard,

Qui se vante et s'oublie au terme de la route,

Il fait bon rappeler l'humble point de départ.

XXIII.

ANZIN.

(CANTATE).

Paroles choisies au concours par la **Société impériale d'Agriculture, Sciences et Arts de Valenciennes.**

ANZIN.

CANTATE.

> « Le travail le plus humble et le plus rude
> est celui qui est le plus agréable à Dieu. »
> (Breekluys).

INTRODUCTION. — CHOEUR.

Pour vous le ciel bleu s'illumine ;

Vous entendez chanter l'oiseau ;

Vous voyez couler le ruisseau

Et fleurir la fraîche églantine...

Et nous, travailleurs ignorés,

Loin de l'air, loin de la lumière,

Lentement nous creusons la pierre ;

Vivants nous sommes enterrés !...

SOLO.

Mais la ville opulente où les fourneaux gémissent,

Où les cris de l'acier se mêlent à la fois

Au bruit des lourds marteaux qui partout retentissent,

Sans nous, serait sans voix !

LE CHŒUR.

Sans nous, serait sans voix !...

ANZIN.

TOUS.

Que la lampe s'allume ! —

Pour la forge et l'enclume,

Nos bras sont toujours prêts.

Descendons dans la mine ;

Au profit de l'usine,

Mineurs, mineurs, travaillons sans regrets !

SOLO.

Le rapide vapeur, ce conquérant des ondes,

Qui peut, malgré la mer et les vents en courroux,

Aborder tous les ports, visiter tous les mondes,

Voguerait-il sans nous ?

LE CHOEUR.

Voguerait-il sans nous ?.....

TOUS.

Que la lampe s'allume ! —

Le vaisseau fend l'écume ;

Pour lui nos bras sont prêts.

Descendons dans la mine ;

Au profit de l'usine,

Mineurs, mineurs, travaillons sans regrets !

SOLO.

Et ce coursier de fer qui sillonne les plaines,

Reliant vingt pays à son vaste chemin,

Sans nos bras producteurs, nos sueurs et nos peines,

Marcherait-il demain ?

LE CHOEUR.

Marcherait-il demain ?.....

TOUS.

Que la lampe s'allume ! —

Pour le chemin qui fume,

Nous sommes toujours prêts.

Descendons dans la mine ;

Au profit de l'usine,

Mineurs, mineurs, travaillons sans regrets !

FINAL.

Oui, nous devons voir sans murmure

D'autres goûter les fruits si doux
Que le père de la nature
Avait aussi semés pour nous.

Soldats obscurs de l'industrie,
Restons dans notre humble séjour,
Et reportons à la patrie
Notre labeur et notre amour.

REPRISE.

Soldats obscurs de l'industrie,
Bénissons notre humble séjour,
Et sur l'autel de la patrie
Offrons l'encens de notre amour !

XXIV.

ORNITHOLOGIE COMPARÉE.

LES MÉSANGES.

La mésange charbonnière, ce charmant oiseau habillé de jaune et de gris-perle et la tête coiffée d'un élégant bonnet de velours noir, est bien la plus affreuse petite créature — moralement parlant — du monde ornithologique. Elle passe sa vie à amasser des montagnes de provisions, non pas comme la prévoyante fourmi, par crainte du renchérissement des vivres, mais comme Harpagon, par avarice pure et pour le plaisir d'entasser. Notez qu'elle est *musicophobe* — indice certain d'un mauvais caractère — et qu'au lieu de saluer le soleil d'une honnête chanson, ainsi que doit le faire tout oiseau bien élevé, elle s'amuse à siffler platement, faussement comme la vipère. Si ce n'était que cela encore, on pourrait le lui pardonner à la rigueur, mais la méchante bête prend à partie les faibles et les innocents. Malheur à l'oisillon sans défense que la fatalité jette sur son chemin ! d'un seul coup de son bec effilé elle lui brise le crâne, et se délecte ensuite de la cervelle toute chaude du pauvret assassiné.

Quelles mœurs ! ne croirait-on pas qu'il s'agit du vautour ou de la panthère ? (Voir Toussenel).

ORNITHOLOGIE COMPARÉE.

LES MÉSANGES.

Dans un recoin de mon jardin,

Tapissé de mousse et de lierre,

J'avais une pleine volière

D'oiseaux chantant dès le matin.

Un jour, une mésange grise

LES MÉSANGES.

Pénétra chez eux, par surprise.

Le lendemain, pauvres petits !

Adieu toute chanson nouvelle !...

La bête aux cruels appétits

Leur avait mangé la cervelle.

D'autres mésanges, ici-bas,

Dans les volières ne vont pas

Assouvir leur rage insensée ;

Mais guettant chaque auteur nouveau,

Elles vivent de son cerveau

Et lui dérobent sa pensée.

De ces oiseaux compilateurs,

De ces dangereux plagiaires,

De ces mésanges littéraires

Préservez, ô dieux protecteurs!

Les écrivains et les lecteurs.

XXV.

UN BON CONSEIL, POUR UN SOU.

UN BON CONSEIL, POUR UN SOU.

A HENRY BRUNEEL.

Le public devra-t-il connaître
Ce conte écrit pour toi, mon maître !
Si j'y consens, c'est à demi,
Car il le sifflera, peut-être....
Toi, tu le liras en ami.

Un jour d'été, je flânais par la ville,

Le nez en l'air, allant je ne sais où,

Quand un vieillard, d'une façon civile,

Me tend la main et me demande un sou.

J'en avais un, je le donne au brave homme.

La charité pour le riche est un jeu,

Mais pour le pauvre un sou fait une somme,

Et c'est *beaucoup* que de donner *un peu*.

Or, j'étais pauvre, il est bon de le dire.

Le mendiant l'eut bientôt deviné,

Car dans sa barbe il se prit à sourire.

« Monsieur, dit-il, je serais chagriné

De vous priver ainsi du nécessaire ;

Autant que moi vous en avez besoin ;

Reprenez donc votre argent, cher confrère. »

— Confrère ! à moi ?... Note que je suis loin

De me draper d'un manteau ridicule ;

L'orgueil de race est mon moindre défaut ;

UN BON CONSEIL.

Et quoique j'aie un nom à particule,

Je n'en suis pas plus glorieux qu'il faut;

Mais ma colère assez vite s'allume.

« Holà! manant! m'écriai-je en courroux,

Plus de respect pour un homme de plume!..

Qu'ai-je gardé, s'il vous plaît, avec vous?...

En fait d'égal, je ne veux reconnaître

Que l'homme né dans le sacré vallon. »

— « Alors, monsieur, saluez votre maître,

Dit le vieillard, car je suis Apollon! »

— Devant ces mots, juge de ma figure!...

« Apollon, vous? » — « Oui, moi, le dieu des vers. »

— Il aura bu, pensai-je, outre mesure,

Ou le bonhomme a l'esprit à l'envers;

Allons-nous en. — Mais lui, sans nulle gêne,

Me prit le bras, et dit nonchalamment :

« Je parle mieux lorsque je me promène ;

Ramenez-moi vers mon appartement,

Nous causerons. » Puis il quitta la place.

Et moi tremblant, honteux, abasourdi,

Au bras crasseux de ce porte-besace

Je traversai la ville, en plein midi.

Chemin faisant, il me fit son histoire ;

C'est un peu long ; pour te la détailler,

J'aurai besoin de toute ma mémoire ;

Écoute donc, ami, sans trop bâiller.

Pour les écarts d'un fougueux caractère,

UN BON CONSEIL.

Il paraîtrait que le fils de Jupin

Fut, autrefois, exilé sur la terre ;

Chez les mortels il dut gagner son pain.

Sa lyre au bras, son paquet sur l'épaule,

Maître Apollon obéit sans retard,

Et colporta, de l'un à l'autre pôle,

Pendant trente ans les produits de son art.

Ici, le dieu vendait une opérette ;

Là, d'un bourgeois il croquait le profil ;

Plus loin, d'une ode on lui faisait l'emplette ;

Bref, il pouvait supporter son exil.

Quand le hasard, comme il sortait de France,

Devant nos murs amena le proscrit.

« Entrons, dit-il ; dans cette ville immense

UN BON CONSEIL.

On doit goûter les choses de l'esprit. »

Et le voilà sur la place publique,

S'égosillant à force de crier :

« Voyez, Messieurs, l'étalage artistique !

Examinez, sans vous faire prier,

Ce bois sculpté ! ce tableau ! ce beau livre !

Cette sonate !... Admirez à loisir ;

Mais achetez — car j'ai besoin de vivre ; —

Je ne fais pas ce métier par plaisir !... »

Les gens pressés, sans arrêter leur course,

Pendant ce temps passaient à flots nombreux.

Ils s'en allaient du côté de la Bourse,

Tout en causant sucre ou trois-six entre eux.

D'acheteurs, point ! — Apollon fit la moue.

UN BON CONSEIL.

« Hum ! pensa-t-il, c'était un mauvais jour...

Je reviendrai ! » — Même scène se joue

Le lendemain quand il est de retour.

Six mois entiers dura sa male chance !...

Alors, le dieu, sans argent, sans crédit,

A son auberge arrêta la dépense,

Et demandant l'aubergiste, il lui dit :

« Je vais, Monsieur, me remettre en voyage ;

Je suis à court, car je n'ai rien vendu ;

Vous retiendrez ma marchandise en gage...

Comme elle vaut bien mieux que votre dû,

J'ose espérer qu'en parfait honnête homme

Vous agirez, — si vous craignez les dieux, —

En me comptant le surplus de la somme ;

UN BON CONSEIL.

J'en ai besoin, pour sortir de ces lieux.

Trois mille francs — C'est pour rien ; — donnez vite ! »

Mais l'hôtelier, d'un air désobligeant,

Lui supprima la cuisine et le gîte,

Prit le bagage — et garda son argent.

C'était brutal, dira-t-on ? — C'était juste.

Un hôtelier n'est pas un connaisseur.

Sait-il le prix d'une toile ou d'un buste ?

Peut-il en vers payer son fournisseur ?

Il agit donc en parfait... aubergiste.

Lorsque Apollon se vit sur le pavé,

Il rit d'abord — de ce rire d'artiste

Qui prend la gêne en lui disant : Ave ! —

Puis il chercha, pour voir si, d'aventure,

UN BON CONSEIL.

Quelques banquiers, plus ou moins convaincus

De la valeur qu'offrait sa signature,

Ne voudraient pas lui prêter mille écus,

Au denier dix, — sauf escompte, — en espèces.

La banque en masse, aussitôt qu'il parla,

D'un triple tour ferma toutes ses caisses...

Notre emprunteur comprit, — et s'en alla, —

Sans se fâcher, — car son âme était forte.

Surpris, pourtant, Phœbus se dit, à part :

« Si, d'un côté, l'on me met à la porte,

Et si, d'un autre, on fait fi de mon art,

Il me paraît peu certain que je vive

Dans cette ville — où tout le monde vit....

Faisons comme eux, parbleu! Quoi qu'il arrive,

De mon esprit je dois tirer profit. »

Et sur le champ renonçant à la gloire,

Pour une place il courut tout le jour.

Dieux protecteurs ! ce fut une autre histoire !...

Chaque patron répondait tour à tour,

En déclinant poliment la demande :

« Comme employé, monsieur, sachez-le bien,

L'intelligence est chez vous par trop grande ;

Pour commercer tant d'esprit ne vaut rien. »

Dans les bureaux, l'accueil fut plus sévère :

A la Mairie, à la Poste, à l'Octroi,

Lorsqu'il s'offrit comme surnuméraire,

On appela le procureur du roi.

Il ne restait au proscrit qu'une issue :

UN BON CONSEIL.

L'Académie était dans le quartier ;

C'était le port !.... Espérance déçue !

On lui promit de le nommer.... portier !!

Le temps marchait cependant ; l'heure sainte

Où chacun soupe, était venue enfin ;

Apollon seul errait dans notre enceinte,

En promenant son olympique faim.

Alors lui vint une haine profonde

Pour notre ville et pour ses habitants.

« Je vous maudis jusqu'à la fin du monde,

Gens positifs ! — dit-il, entre ses dents.

Que dans vos murs jamais l'art ne s'exerce ;

Que nul de vous n'aille où vont mes élus ;

Je vous condamne au culte du commerce ;

Ayez de l'or !... Vous n'aurez rien de plus !! »

Et satisfait de sa rude apostrophe,

Dans l'avenir bien sûr de se venger,

Le Dieu tendit une main philosophe ;

Il mendia, — noblement, — pour manger !

Mon narrateur ici fit une pause.

J'en profitai, pour glisser quelques mots,

Et je lui dis : « Pardon, Seigneur, si j'ose

Mêler ma voix au récit de vos maux

(J'y compâtis ! ayez-en l'assurance) ;

Mais je voudrais savoir quel heureux sort

Me vaut l'honneur de votre confidence.

UN BON CONSEIL.

Foi d'écrivain ! cela m'intrigue fort. »

En ce moment, au fond d'un quartier sombre,

Que le soleil n'a jamais visité,

Nous arrivions tous les deux sans encombre.

« Pour votre sou, donné par charité,

Répondit l'homme, avec un fin sourire,

J'ai voulu rendre un conseil précieux :

Mon cher monsieur, abstenez-vous d'écrire ! »

Et le vieillard disparut à mes yeux.

XXVI.

DÉCEMBRE.

DÉCEMBRE.

Voici l'hiver. Pour toi c'est le temps des plaisirs,

Jeune fille élégante, enfant blanche et rieuse !

C'est le temps des concerts, de la danse joyeuse,

Des rubans et des fleurs, des innocents désirs.

Va, tes jours filés d'or n'excitent point l'envie ;

Chacun doit sur la terre accomplir son destin :

Dieu n'a-t-il pas réglé notre part au festin ?...

Respire donc en paix les parfums de la vie.

Voici l'hiver ! Pour vous c'est le temps des douleurs,

Pauvres deshérités des bienfaits de ce monde !

C'est le foyer désert où le vent siffle et gronde ;

C'est le froid et la faim, les regrets et les pleurs !...

Mais ne blasphémez pas ; n'invoquez-pas la tombe ;

Espérez !... Et sans crainte élevez votre voix

Vers celui qui pour vous expira sur la croix.

Son regard voit couler chaque larme qui tombe.

XXVII.

A M. BRUN-LAVAINNE.

M. Brun-Lavainne avait fait paraître dans la *Revue du Nord*, n° du 15 janvier 1857, une poésie remarquable intitulée : la *Télégraphie électrique*, où le progrès était glorifié de main de maître. Ces deux sonnets lui furent envoyés en réponse.

A M. BRUN-LAVAINNE.

DEUX SONNETS.

I.

PROGRÈS (LA MATIÈRE).

Maître, vous dites vrai : le vieux monde s'élance,
Tous les jours plus avant, dans cet heureux chemin
Où marche l'industrie, acclamant l'excellence
De chaque invention due à l'esprit humain.

Malgré ses six mille ans, voyez sa pétulance !

Il va droit devant lui, haut le pied ! haut la main !..

Il s'agit d'acquérir les honneurs, l'opulence ;

L'inconnu d'aujourd'hui sera fameux demain.

C'est pourquoi les savants passent toutes leurs veilles

A trouver du nouveau dans le champ des merveilles :

Ici, c'est la vapeur ; là, l'électricité.

Des effets obtenus l'homme ignore les causes ;

Mais il accepte en bloc ces fécondantes choses ;

Et le « Progrès » le mène à la félicité.

II.

DÉCADENCE (L'ESPRIT).

Maître, vous vous trompez : notre siècle recule ;

Ses goûts, trop positifs, l'entraînent loin des cieux ;

Le réalisme seul le rend audacieux,

Et lui fait accomplir tous ces travaux d'Hercule.

Si dans le froid des nuits il médite ou calcule,

Si l'éclair créateur illumine ses yeux,

C'est qu'il est dévoré d'espoirs ambitieux ;

C'est que la fièvre d'or en ses veines circule.

A M. BRUN-LAVAINNE.

Vous parlez du progrès? Misère et Vanité!...

Qu'a-t-il fait pour le bien de notre humanité?

Sommes-nous plus soumis envers la Providence ?

Serons-nous mieux jugés devant son tribunal?

Oh non! je vous le dis : Mensonge! Décadence!

Tel sera le bilan de ce siècle vénal.

XXVIII.

PETITES PIQURES,

GRANDES PLAIES.

PETITES PIQURES, GRANDES PLAIES.

Un enfant — on l'a dit : Cet âge est sans pitié, —
Tourmentait à plaisir, d'une épingle traîtresse,
Le dos d'un pauvre chien, martyr de l'amitié.
Médor, le premier jour, supporta sa détresse.

PETITES PIQURES, GRANDES PLAIES.

« Il faut, dit-il, passer quelque chose à l'enfant ;
C'est un ami, d'ailleurs, ce titre le défend.
Ne nous fâchons donc pas de son espièglerie :
    Faible blessure est bien vite guérie ! »
L'animal, on le voit, quoiqu'il ne fût qu'un chien,
    Était un peu stoïcien.
Mais il advint ceci : la piqûre maudite,
Toujours au même endroit sans trêve reproduite,
S'envenima bientôt ; puis, la chaleur aidant,
La fièvre, ou bien la rage — on ne sait pas laquelle —
Firent du bon Médor une bête cruelle....
Et l'imprudent bambin périt d'un coup de dent.

Amour trop égoïste, amitié tracassante,

PETITES PIQURES, GRANDES PLAIES.

Armés à tous les doigts de l'épingle agaçante,

Vous, qui nous rappelez l'enfant et l'animal,

Vous finirez comme eux ! — car la plus mince offense

Qu'on pardonne cent fois, qui cent fois recommence,

D'abord simple piqûre, à la fin tourne à mal.

XXIX.

SAVOIR & CHARLATANISME.

SAVOIR & CHARLATANISME.

Dans un hameau perdu de la vieille Armorique,

On vit, un jour, descendre en pompeux appareil,

Resplendissant comme un soleil,

Un docteur très-célèbre en fait de linguistique,

Tout gonflé de synthèse et bardé d'esthétique.

« Villageois ! — criait-il d'une voix de stentor, —

Accourez tous ! ici je viens pour vous instruire ;

J'enseigne l'art profond de parler sans rien dire ;

Puis ceci, puis cela : mille choses encor

    Beaucoup trop longues à déduire ! »

Jugez de la rumeur ! Les gens à gros sabots

Laissent là soupe au lard, pots de cidre et fagots,

    Pour écouter cet homme rare.

Il débuta, primo, par un discours tartare ;

Puis, il fit de l'arabe ; et passait à l'hébreu

(Les paysans penauds n'y voyaient que du feu)....

Quand l'un des auditeurs, lassé de se morfondre,

    D'un air narquois l'interrompt tout-à-coup :

« Hé ! monsieur le savant ! vous pérorez beaucoup...
Mais parlez notre langue ! — on pourra vous répondre. »

Le rustre avait cent fois raison.
Bavards sempiternels, charlatans de science
Qui cherchez un public, quelle qu'en soit l'essence,
Méditez bien cette leçon :
Voulez-vous sans ennui qu'on puisse vous entendre?
Commencez, avant tout, par vous faire comprendre !

XXX.

L'ÉDUCATION.

L'ÉDUCATION.

A M. J. DELIGNE.

Lorsque du champ de la pensée
Nos fils récoltent la primeur,
C'est par vous, ardent laboureur,
Que la terre est ensemencée.
A vous donc ma fable. — Entre nous,
L'on dira qu'elle n'est pas neuve
(Il est tant d'écrivains jaloux !) ;
Mais prenez-la comme une preuve
De l'estime que j'ai pour vous.

Parmi les espaliers d'une muraille grise,

Un sauvageon vivait en toute liberté.

« Chers compagnons, dit-il dans un jour de fierté,

Je suis sorti d'un noyau de cerise :

Le rang de cerisier m'appartient de plein droit.

 Viennent le printemps et les roses,
 Vous verrez que mes fleurs écloses

Se changeront en fruits, les plus beaux de l'endroit.

Vous verrez! vous verrez! » — Mais lorsque dans la plaine
Le doux soleil d'avril fit pousser le gazon,

 Le pauvre sire mit à peine

Un seul petit bouquet en maigre floraison.

 Point de fruits, cela va sans dire.
 Et tous les espaliers de rire!...

Alors, un vieux pêcher, qui portait bien quinze ans,

 Prit la parole au nom de ses confrères :
 « Nous avons beau nous vanter en tous temps
  D'être nés les fils de nos pères ;

Nous avons beau comme eux nous couvrir de bourgeons ;

Sans la greffe qui rend notre sève féconde ,

Et sans le jardinier dont la main nous émonde,

Nous restons simples sauvageons ! »

Jeunes gens, c'est à vous que ma fable s'adresse.

De l'éducation qui vous taille et vous dresse,

J'ai voulu rappeler le bienfaisant pouvoir.

Un arbre sans culture est un arbre stérile ;

Et l'homme, fût-ce un roi, n'est qu'un être inutile

S'il ne possède pas la greffe du savoir.

… XXXI.

LES DEUX SŒURS.

LES DEUX SŒURS.

Ma grand'mère était fort conteuse.

Enfant, quand j'étais las du jeu,

Sur ses genoux, au coin du feu,

De quelque histoire curieuse

J'écoutais le récit.... pour m'endormir un peu.

Depuis vingt ans déjà la bonne femme est morte ;

A leur tour, près de moi mes fils viennent s'asseoir ;

Et je me plais souvent à leur dire, le soir,

Les contes d'autrefois qu'un souvenir m'apporte.

   L'un d'eux commence de la sorte :

Il était une fois, du temps de l'âge d'or,

Un roi qui gouvernait avec tant de sagesse,

Que, depuis cinq mille ans, on le regrette encor ;

Aussi put-il mourir dans son lit, — de vieillesse.

Privé d'héritier mâle, à son dernier moment

Ce bon sire avait fait un bout de testament.

On y lisait : Les dieux, protecteurs des familles,

A mes chastes amours n'ont donné que deux filles ;

LES DEUX SŒURS.

Je leur cède le trône, en laissant, après moi,

Deux reines à mon peuple, — à défaut d'un seul roi.

    Nous ordonnons : qu'entre elles

Tout soit dévouement pur, justice, égalité ;

    Item, pour leur tranquillité,

    Elles resteront demoiselles.

Ce testament signé, le vieux roi s'en alla.

Sur son tombeau l'on mit : Père de la patrie !

Puis on n'y pensa plus. — Et le peuple installa

La reine Agriculture et la reine Industrie ;

    C'étaient les filles du défunt.

Quel heureux temps, alors ! peu d'impôts ; point d'emprunt !

Elles avaient — sans frais — partagé le royaume :

L'une, en son palais d'or, gouvernait la cité ;

Tandis que l'autre, avec simplicité,

    Régnait aux champs, dans un palais de chaume.

Leurs rapports mutuels étaient pleins de douceur :

La reine de la ville habillait son aînée ;

Par la reconnaissance à son tour entraînée,

Celle-ci dépouillait le blé mûr pour sa sœur. —

    Et leurs sujets, à cet exemple auguste

Puisant les notions de l'utile et du juste,

S'aimaient sincèrement, s'entr'aidaient de leur mieux,

Respectaient le pouvoir — et bénissaient les dieux.

Mais Industrie, un jour, par quelque maléfice,

    Mit en oubli les ordres paternels.

    Elle s'éprit du prince Bénéfice.

LES DEUX SOEURS.

Un prêtre consacra leurs serments solennels.

Le pays, tout d'abord, vit cet hymen sans peine :

Le prince était modeste, il plaisait à la reine ;

Il paraissait honnête et dépourvu de fiel....

Mais le traître, abusant de la lune de miel,

Quand il eut rang d'époux laissa tomber le masque.

Il devint âpre au gain, envieux et fantasque ;

Spéculateur ardent, irritable à l'excès ;

Avare, querelleur, amateur de procès....

Il eût bientôt gâté le cœur de son épouse !

Sa bonne sœur l'aimait... Elle en devint jalouse !

    Et l'on put voir, six mois plus tard,

Malgré le testament, qu'on prônait tant naguère,

    Le prince-époux, en appareil de guerre,

Sur les coteaux fleuris planter son étendard.

Il fut vainqueur, hélas! — Aux peuplades rustiques

Bénéfice apparut si superbe et si grand,

Que la foule, attachée au char du conquérant,

Abandonna les prés, pour bâtir des boutiques!!....

. . . .

C'est depuis ce temps-là que dans ses champs déserts

Agriculture en deuil fait des efforts stériles ;

C'est depuis ce temps-là qu'on agrandit les villes....

    Et que le beurre et les œufs sont si chers.

XXXII.

LE PRINTEMPS REVIENDRA.

LE PRINTEMPS REVIENDRA.

———

Une hirondelle, l'an dernier,

Avait, au coin de ma fenêtre,

Bâti le palais printanier

Où sa famille devait naître.

LE PRINTEMPS REVIENDRA.

L'hiver est venu ; les petits,

Avec la mère sont partis !

De leurs chansons, toujours nouvelles,

Un autre ciel retentira....

— Laissons partir les hirondelles,

Le printemps les ramènera.

Sous le manteau des bois ombreux,

Au mois de mai, les violettes

Se cachent dans les chemins creux,

Parmi leurs sœurs les pâquerettes.

Aujourd'hui les bois sont déserts,

Et l'on voit passer dans les airs

Leurs feuilles que le vent emporte.

LE PRINTEMPS REVIENDRA.

Ombrage et fleurs, tout périra!...

— Laissons tomber la feuille morte,

Au printemps elle renaîtra.

Myosotis, qui vous mirez

Dans les ruisseaux clairs des prairies ;

Jeunes filles, qui soupirez

Après vos guirlandes fleuries ;

Fauvettes, qui ne chantez plus ;

Beaux papillons, pauvres reclus ;

Ne perdez pas toute espérance,

Votre martyre finira....

— Encor quelques jours de souffrance

Et le doux printemps reviendra.

XXXIII.

LE LAPIN & ET LA LOI.

LE LAPIN ET LA LOI.

Au fond de son terrier, loin des bruits de la ville,

    Un vieux lapin vivait tranquille.

Il était revenu des erreurs d'ici-bas,

Méprisait les grandeurs, et n'aimait dans la vie

Que bon gîte et bon repas.

C'était un animal plein de philosophie !

Toutefois, un nuage offusquait son bonheur.

Il avait vu tomber sous le plomb du chasseur

Tantôt un bout de queue, et tantôt une oreille,

Petits détails pour son grand cœur !

Mais vous comprenez à merveille

Qu'il était devenu prudent,

Et n'osait plus sortir, de crainte d'accident.

Lorsqu'un jour, dame Renommée

Vint dire au philosophe : « Ami, sois libre enfin !

La loi qui fixe ton destin,

Par le gouvernement vient d'être proclamée.

Tu peux, sans redouter le fusil meurtrier,

Te promener gaîment autour de ton terrier

Pendant que la chasse est fermée. »

Bon! pensa notre ermite; et, comme il faisait beau,

Il prit sa canne et son chapeau,

Courut au bourg voisin, passa chez un libraire,

De la loi précitée acquit un exemplaire,

Et se dit : « Maintenant je sais, à bon endroit,

Que le législateur m'a concédé le droit

De braver, en été, toute méchante affaire. »

En achevant ces mots, Jean Lapin, fort surpris,

Aux lacs d'un braconnier tout-à-coup se voit pris.

« Hé! cher ami, cria la bête,

Nous sommes en juillet! Où donc as-tu la tête?

La chasse est close! à bas tes engins superflus!

208 LE LAPIN ET LA LOI.

L'arrêté que voici, signe ma délivrance !.... »

L'ami, lui répondit : « J'aime ton éloquence,

Mais puisque je te tiens, je ne te lâche plus. »

Un agent de Thémis passait là, d'aventure ;

Il formula bien vite un bon procès-verbal....

Et puis — à son profit — confisqua l'animal.

   Enfin, et pour conclure,

Le braconnier, jugé, fut mis sous clé trois mois,

Et le lapin fut.... cuit, — à la barbe des lois.

De ceci, la morale aurait pu se traduire

Par ces mots : Nul ne peut échapper à son sort.

Ou : Contre le puissant, le faible a toujours tort

(Ce sont là vérités bien vieilles à redire !)...

Moi, j'ai voulu prouver simplement, et sans art :

Que le lapin se prend encore au traquenard ;

Et que, malgré leurs lois, dans les temps où nous sommes,

Une bête d'esprit doit se garder des hommes.

XXXIV.

ASSOCIATION LILLOISE.

CLOTURE DES SÉANCES D'HIVER,

25 Avril 1860.

Le quatorzième vers et les suivants rappellent quelques lectures faites dans les différentes séances de l'hiver 1859-60 : *Biographies lilloises* (Pierre Caloine), par M. Henri PAJOT, 9 Novembre 1859 ; — *Les fêtes de l'Epinette à Lille*, par M. le comte de MELUN, 7 Décembre 1859 ; — *Impressions de voyage du chevalier Almanzor le Mélancolique*, par M. BRUN-LAVAINNE, 1ᵉʳ Février 1860 ; — *Le Musée historique*, par M. H. LEFEBVRE, 21 Décembre 1859 ; — *La Chanoinesse, conte de Noël*, par M. M., 11 Janvier 1860 ; — *Notice bibliographique (chants populaires des flamands de France, C. de Coussemaker)*, par M. RODET, 29 Février 1860 ; — *Charles-Quint à St-Just*, par M. Jules DUTILLEUL, 21 Décembre 1859 ; — *La Chambre de commerce à Lille, avant 1790*, par M. A. D. DESCAMPS, 14 Mars 1860, etc., etc.

ASSOCIATION LILLOISE.

CLOTURE DES SÉANCES D'HIVER,

25 Avril 1860.

AUX DAMES SOCIÉTAIRES.

Mesdames, voici donc la dernière séance.

Les beaux-arts ont fini quand le printemps commence.

Le soleil et les fleurs vous éloignent de nous.

Vous nous abandonnez pour des concerts plus doux.

Les oiseaux du bon Dieu vous veulent à leurs fêtes :

Ils savent mieux chanter encor que les poètes !....

Mais, nous reviendrez-vous, l'an prochain, quand l'hiver

Aura mis de nouveau la froidure dans l'air ?

N'irez-vous pas ailleurs chercher des voix nouvelles ;

Et des récits moins longs, et des chansons plus belles ?

Nos efforts pour vous plaire auront-ils le pouvoir

De remplacer l'Adieu, par le simple : Au revoir ?

Je l'espère.... Et pourtant, j'ai de l'inquiétude.

Ils ne pourront subir, six mois, leur solitude

Nos *Rois de l'Épinette* et le bel *Almanzor*,

Si vous ne promettez de les entendre encor ;

L'*Historique Musée* ira finir son rêve

Au ciel, si ce n'est pas devant vous qu'il l'achève ;

Des *Contes de Noël* le pur enseignement

Sera perdu sans vous ; du *vieux Barde flamand*

Le rondeau belliqueux, la complainte naïve,

Si vous n'écoutez plus, iront à la dérive ;

L'*Empereur Charles-Quint* lui-même — un empereur ! —

Attend votre retour ainsi qu'une faveur ;

Et *du Commerce*, enfin, *la Chambre* vous demande

De revenir la voir ; — elle est bonne marchande.

Des hommes de la plume, arrivons, s'il vous plaît,

A nos musiciens ; nous serons au complet.

Je ne vous parle point des jeunes virtuoses,

A l'orchestre attachés pour... y compter des pauses ;

Ceux-là sont nos enfants ; élèves aujourd'hui,

Maîtres demain, peut-être, — avec un peu d'appui.

Je cite : l'amateur qu'un noble zèle anime ;

L'artiste, plein de foi dans son art — qu'il estime ;

La chanteuse, qui vient vous offrir en tremblant

Les primeurs de sa grâce et de son frais talent ;

Le chanteur inspiré qui charme l'auditoire,

Et le gai chansonnier, tout surpris de sa gloire.

Je cite encor ces gens de bonne volonté,

Qui malgré mille ennuis, — mille écueils, — ont lutté

Pour vous prouver qu'on peut faire de la musique

Sans bruit, sans embarras, sans force numérique.

Mesdames, la justice ordonne qu'à ceux-ci

CLOTURE DES SÉANCES D'HIVER.

J'adresse, en votre nom, un chaleureux merci.

Je sais bien que l'on peut blâmer notre insistance ;

Je sais bien, qu'invoquer votre reconnaissance

Pour le peu d'agréments qu'on vous donne, après tout,

Va sembler au vulgaire acte de mauvais goût ;

Mais les âmes d'élite, auprès de qui je plaide,

Comprendront mieux la cause et nous viendront en aide.

Ce n'est pas un *bravo* qu'elle veut mendier :

L'Association veut *le cœur* tout entier !

Elle veut que chacun à son œuvre morale

Apporte un même esprit, une assistance égale;

Le but qu'elle offre à tous dans ce commun effort,

Atteint, c'est l'existence, — et manqué, c'est la mort!....

Mesdames, vous pouvez alléger notre tâche :

A nous de progresser tous les ans, sans relâche ;

A vous d'encourager nos modestes travaux ;

A vous de nous fournir des auditeurs nouveaux.

Et lorsque le public aura pris l'habitude

D'honorer les beaux-arts, de respecter l'étude ;

Lorsque la ville entière, à l'heure des loisirs,

Ne se donnera plus que d'honnêtes plaisirs,

Nous vous dirons tout bas : « Ce miracle est le vôtre ;

Si le bien vient de Dieu, la femme en est l'apôtre. »

XXXV.

L'ALOUETTE, LE BŒUF & L'ANE.

L'ALOUETTE, LE BŒUF ET L'ANE.

A ALBERT DUPUIS,
En son ermitage, à Loos.

Ami, dis-moi qui t'a construit
Cette étroite maison du sage,
Où perdu dans le paysage,
Où tu peux rêver loin du bruit !

De la nature, qui t'instruit,
Tu fais le doux apprentissage,
Et, guettant la sève au passage,
Tu vois la fleur changée en fruit.

Comme toi je veux fuir les villes,
Les importuns — et les serviles ;
Je veux de grands bois, des prés verts !

Je veux... Mais j'ai fait une fable,
Cher prôneur, — elle est ou vers...
Tu vas la trouver détestable.

Un jour, l'âne et le bœuf marchaient de compagnie.

L'âne au marché voisin transportait son froment ;

Le bœuf à son labour allait tranquillement.

Ils ne faisaient entre eux point de cérémonie,

Et le long du chemin causaient — tout bonnement.

En les voyant passer, voici qu'une alouette

Leur chante, à pleine voix, sa plus neuve chanson.

Elle disait ainsi « bonjour, » à la façon

D'un oiseau bien appris qui vent payer sa dette.

« — N'écoutons pas cette amusette,

Fit l'âne à son ami ; c'est vraiment grand' pitié

Qu'une bête folle à moitié,

Un être sans valeur, une espèce inutile

Ose nous saluer d'une chanson futile

Marchons ! » — « Arrêtons-nous, dit le bœuf ; cette voix

Me donne du courage et me charme à la fois.

Elle rend moins profond le sillon que je creuse,

Moins lourd le soc pesant qu'il me faut charrier ;

Tu méconnais en vain sa tâche généreuse ;

Moi, je sais la comprendre et la glorifier. »

Dans notre monde on trouve encor bien des profanes.

Pour eux l'art bienfaisant n'est qu'un mot — tout au plus...

L'artiste doit chercher des esprits moins obtus :

Ceux-là ce sont les bœufs ; — les autres sont des ânes.

XXXVI.

LE GATEAU DE NOEL.

LE GATEAU DE NOEL.

Auprès d'un modeste foyer,
Où venait s'engouffrer la bise,
Un soir d'hiver était assise
La famille d'un ouvrier.
Le père, à quarante ans à peine,

Paraissait déjà vieux ; sur ses traits affaissés

Les rides annonçaient la fatigue et la gêne,

Trop communes douleurs des pauvres délaissés.

  La mère était l'un de ces anges,

Symboles gracieux d'espérance et de paix,

Que Dieu mit sous le chaume, et sous l'or des palais,

Pour apprendre aux mortels à chanter ses louanges.

  Enfin, trois enfants blonds et doux

   Opposaient leur visage rose

   Au front pâle et morose

Du père, qui berçait l'un d'eux sur ses genoux.

C'était Noël. — Dans l'air, d'invisibles musiques

Répétaient en écho les célestes cantiques.

LE GATEAU DE NOEL.

L'univers saluait le Verbe rédempteur ;

    Et la pieuse ménagère,

D'un frais gâteau, béni par les mains du pasteur,

Avait accompagné son frugal ordinaire.

« Allons, à table, enfants! » dit-elle. — Les marmots,

Affamés et joyeux, s'élancent à ces mots

    Vers le festin nocturne.

Seul, le mari restait dans son coin, taciturne.

« A quoi bon, pensait-il, célébrer l'heureux jour

Où l'Homme-Dieu parut pour délivrer le monde?

Dans le cercle où je vis, je regarde à la ronde,

    Je n'y découvre, tour à tour,

Que travail et misère, injustice et bassesse!...

Non, non! le Christ, pour moi, ne tint pas sa promesse! »

Tout-à-coup, l'ouvrier entendit près de lui
Sa femme qui disait d'un accent de prière :
« Ami, viens avec nous ; nous fêtons aujourd'hui
Celui qui pardonna sur la croix du Calvaire,
Celui qui nous apprit à son dernier moment
   Ces mots divins : Amour et dévoûment ! »

O merveilleux pouvoir d'une sainte parole !
Le dévoûment, l'amour, par eux tout se console !...
Aussi, l'époux, honteux de son doute cruel,
Dans la main de l'épouse alla mettre la sienne....
Et la famille entière à la fête chrétienne
S'unit — en partageant le gâteau de Noël.

TABLE.

La Luciole et la Violette	1
La Charité	5
Nids et Berceaux	11
Où donc est le Bonheur ?	17
Sonnet à Casimir Faucompré	29
Le Merle et la Serinette	33
Les Roquets	39
Ornithologie comparée : les Coucous	43
La Vigne	49
Le Baptême de la Poupée	55
Le Dahlia et le Réséda	61
Progrès (boutade)	65
L'Oiseau-Mouche et la Linotte	73
Cloches du Soir	79

TABLE.

Déception, sonnet	85
Les Oiseaux de Pauline.	89
L'Araignée.	93
Association Lilloise, Inauguration du nouveau Local	99
La Rose et la Giroflée	109
La Statue de Neige.	115
Abeilles et Fourmis.	121
Le Fleuve et l'Hirondelle	125
Anzin, cantate	131
Ornithologie comparée : les Mésanges.	139
Un Bon Conseil.	145
Décembre.	161
Deux sonnets à M. Brun-Lavainne.	165
Petites Piqûres	171
Savoir et Charlatanisme	177
L'Éducation	183
Les Deux Sœurs.	189
Le Printemps reviendra.	197
Le Lapin et la Loi.	203
Association Lilloise, Clôture des séances d'hiver	211
L'Alouette, le Bœuf et l'Ane	219
Le Gâteau de Noël	225

Lille, imp. Horemans.